필연

필연

초판 1쇄 인쇄　2025년 10월 15일
초판 1쇄 발행　2025년 10월 31일

신고번호　제313-2010-376호
등록번호　105-91-58839

지은이　유순정

발행처　보민출판사
발행인　김국환
기획　김선희
편집　현경보
디자인　김민정

ISBN　979-11-6957-395-5　　03810

주소　경기도 파주시 해올로 11, 우미린더퍼스트@ 상가 2동 109호
전화　070-8615-7449
사이트　www.bominbook.com

- 가격은 뒤표지에 있으며, 파본은 구입하신 서점에서 교환해드립니다.
- 이 책은 저작권법에 의하여 보호를 받는 저작물이므로 무단 전재와 복사를 금합니다.

필연

유순정 시인의 두 번째 시집

잡으려면 멀어지고 외면하면 다시 곁을 맴도는
너는 그런 존재였다

추천사

　유순정 시인의 두 번째 시집 『필연』은 삶이란 결국 수많은 인연이 이어져 만들어 낸 하나의 길임을 조용히 말해 준다. 첫 장을 펼치면 다가오는 건 화려하지 않은 문장들이지만, 그 안에는 오랜 시간을 지나며 겹겹이 쌓인 진한 진심이 담겨 있다. 시인은 말한다. "우연처럼 다가온 순간들이 필연이었음을 깨닫는 데는 오랜 시간이 걸렸습니다." 그 고백처럼 이 시집은 스쳐 간 듯한 만남과 상처, 오래 남은 사랑과 이별을 모아 한 편의 서정으로 빚어냈다.

　시집의 다섯 갈래 길은 삶의 여러 계절을 닮았다. 첫 번째 부에서 시인은 "너는 혼자가 아냐"라고 말하며, 때로는 지치고 주저앉은 이들에게 꽃처럼 다시 피어날 계절이 있음을 일러준다.「늦더라도 포기하지 마」에서 들려오는 목소리는, 봄에만 꽃이 피는 게 아님을 일깨우듯 "늦게 피는 꽃에서 더 깊은 향이 난다"는 위로를 전한다. 그것은 곧 독자의 마음을 향한 다정한 격려다.

  두 번째 부에 이르면 사랑의 기쁨과 고통이 교차한다.「흑장미」에서 가시에 찔리면서도 놓지 못한 사랑은, 피보다 진한 슬픔으로 남는다. 그러나 시인은 그것조차 삶의 불가피한 일부라 인정하며, 사랑의 상처 속에서도 인간의 연약함과 집착의 아름다움을 동시에 보여준다. 사랑은 분명 서글프고 무너짐을 안기지만, 그 안에서 우리는 또다시 살아갈 이유를 찾는다.

  세 번째 부는 일상의 소소한 풍경과 가족, 친구의 기억들로 엮여 있다. "그 많은 시간들 나였다고" 고백하는 시 속에서 우리는 눈물과 웃음, 추억과 그리움이 결국 모두 자신을 지탱해온 시간들이었음을 깨닫는다. 불완전함 속에서도 삶을 사랑할 수 있는 이유, 그것을 시인은 담담히 전해준다.

  네 번째 부와 다섯 번째 부는 제목처럼 〈마음으로 걷는 길〉이자 〈삶이 아름다운 이유〉에 닿아 있다. "여행은 떠나는 게 아니라 세상과 섞이는 일"이라는 구절은 곧 인생을 살아내는 태도의 은유다. 「마음을 비우면」에서 "돌길도 꽃길이요, 눈물도 바람이더라"는 깨달음은, 결국 우리가 짊어진 짐을 내려놓을 때 비로소 길이 다정해진다는 진리를 전한다. 마지막에 이르면 「삶이 아름다운 이유」라는 시처럼, 눈물 속에서도 꽃처럼 피는 웃음이 있기에 우리는 살아낼 수 있다고 말한다.

시집 『필연』은 지나온 인연들을 그리움으로 되새기며, 그것이 결국 한 사람의 삶을 이룬 조각임을 보여주는 시집이다. 이 시들은 어느 순간 독자 각자의 삶 속 장면을 불러내어, 우리가 겪은 사랑과 상처, 기쁨과 슬픔이 모두 필연이었음을 고백하게 만든다. 우리는 모두 누군가의 필연이다. 이 시집은 그 사실을 잊고 있던 독자에게 다정히 말을 건네며, 삶의 어느 길목에서 만났던, 혹은 만날 모든 인연과 그 삶을 되돌아보고 싶은 모든 이에게 권할 만한 귀한 책이다.

2025년 10월
편집위원 **김선희**

시인의 말

　살다 보면, 스쳐 지나간 인연이 어느 날 문득 마음을 두드릴 때가 있습니다. 그때 알았습니다. 모든 만남은 우연이 아니라 필연이었다는 것을…

　우연처럼 다가온 순간들이 필연이었음을 깨닫는 데는 오랜 시간이 걸렸습니다. 이 시집은 늦게야 깨달은 삶의 흔적입니다. 어떤 인연도 지나고 보니 모두 필연이었습니다. 피할 수 없었기에 아름다웠고, 받아들였기에 시가 되었습니다.

　이 시집 『필연』은 그런 인연들에 대한 기록입니다. 지나간 삶의 조각들, 그리움으로 남은 얼굴들, 말하지 못한 아쉬움들, 그리고 그 모든 것을 품은 인생의 풍경을 담았습니다. 때로는 따뜻하게, 때로는 서늘하게 다가오는 감정

들이 시가 되었고, 그 시들이 다시 누군가의 마음에 닿기를 바랍니다.

삶은 언제나 예측할 수 없기에 아름답고, 인연은 늘 뜻밖에 찾아오기에 더 소중합니다. 우리는 모두 누군가의 필연일지도 모릅니다. 이 시집을 통해 많은 분들이 고마운 인연들을 떠올리고, 소중한 인연들과 행복한 일상을 오래도록 유지하기를 진심으로 소망합니다.

2025년 10월
시인 **유순정**

목차

추천사 4
시인의 말 7

제1부. 너는 혼자가 아냐

창포원의 가을 16
좋은 날 17
나비 18
날 어떻게 생각하니? 19
누가 나에게 이런 사랑 줄 수 있을까요? 20
너를 위해 22
회상 23
포기하지 마 24
너는 혼자가 아냐 25
자유 26
여름휴가 27
호박꽃 28
아카시아 29
부디 30
가을이 오면 32
들국화 33

나팔꽃	34
사랑하는 법	35
나이 든다는 건 (1)	36
나이 든다는 건 (2)	37
나이 든다는 건 (3)	38

제2부. 사랑은 선이 없습니다

여인의 계절	42
낙엽길	43
그 사람	44
흑장미	45
이별 후 너를	47
이별 (1)	48
이별 (2)	49
이별 (3)	50
용기	51
이별 방식	52
사랑은 선이 없습니다	53
감자꽃	54
그립다는 건	55
안부	56
군에 간 아들	57
눈물	58
하늘을 보니	59
눈물이 나거든 참지 마세요	60

사랑합니다	61
결혼식	62

제3부. 완벽하지 않아도

언제 이렇게 컸을까?	66
소나무	67
보고 싶습니다	68
아부	69
애인	70
선물	71
능수화	72
이슬	73
추억	74
편지	75
수채화	76
그 많은 시간들 나였다고	77
너	78
매미	79
완벽하지 않아도	80
달빛 포차	81
고향 친구 (1)	82
고향 친구 (2)	83
고향 친구 (3)	84
고향 친구 (4)	85

제4부. 마음으로 걷는 길

필연	88
산	89
그리워하며 살자 (1)	90
그리워하며 살자 (2)	91
마음을 비우면	92
축제	93
등대	94
프리지아	95
도라지꽃	96
약속	97
마음으로 걷는 길	98
마음이 고운 사람	99
들꽃	100
감동	101
짜장면	102
어떤 이는	104
품어 주어라	105
광안리에서	106
이제 가을인가 싶습니다	108
갈대의 연정	109

제5부. 삶이 아름다운 이유

달맞이꽃	112
소나기	113
감악산	114
땡초라면의 맛	115
꽃길	116
삶이 아름다운 이유	117
축복	118
내 고향	119
거창 사과	120
마음에게	121
가을처럼	122
꽃물	123
소원	124
통도사의 가을	125
한 편의 시	126
숲	128

제1부
너는 혼자가 아냐

너무 힘이 들 땐
힘든다고 말해줘

창포원의 가을

창포원에
가을이 내려앉습니다
햇살은 물 위에 노을을 띄우고
바람은 살며시 꽃잎을 흔듭니다

사방에 만발한 국화
그 향기 바람에 흩날리면
꽃내음에 물든 마음
조용히 가을을 닮아갑니다

한 송이 또 한 송이
곱게 피어난 국화
그대에게 전하고 싶어
이 길을 천천히 걷습니다

좋은 날

좋은 날은
늘
꽃처럼 핀다

울다가
웃다가
사랑하다가

사방이
꽃이면
그날은 좋은 날

나비

꽃보다 먼저 피어난 건
너였을까?
봄볕 따뜻하던 날
한 번 머물렀다 떠나던 모습

짧았던 사랑 같아 눈을 뗄 수 없었다
잡으려면 멀어지고
외면하면 다시 곁을 맴도는
너는 그런 존재였다

스쳐만 가도그 짧은 순간을
나는 오래 기억할 테니
잠시만 내 곁에 앉아 줄 수 없겠니?

날 어떻게 생각하니?

내 마음 다 알아주는
너른 품을 가진 너

손 내밀지 않아도
내 편 되어주는 너

날 어떻게 생각하니?
이젠 널
친구라 부르고 싶은데…

누가 나에게
이런 사랑 줄 수 있을까요?

작은 내 손 잡고

첫걸음 내딛던 날

당신 아니었다면

거센 바람을

어떻게 견딜 수 있었을까요?

내가 아프면

더 아파하고

내 눈에 눈물 고이면

젖은 눈으로 나를 보았죠

누가 나에게

이런 사랑 줄 수 있을까요?

당신의 사랑 덕분에

나는

잘 살고 있습니다

당신의 헌신으로 내가 살듯

나도

누군가의 품이 되겠습니다

너를 위해

너의 마음 구름처럼 무거울 때
나에게 비가 온다고 말해줘
나는 우산이 되지 못해도
너와 함께 젖어줄께

너의 하루가 모래처럼 흩어질 때
나에게 바람이 분다고 말해줘
나는 바람을 막을 수 없지만
너의 손 잡아줄께

너의 밤 별 하나 없이 어두울 때
나에게 밤이 깊다고 말해줘
나는 별이 되지 못해도
너의 창가에 촛불 하나 켜줄게

회상

바람이 노랗게 물든 날
그대가 왔습니다
떨리는 마음이 너무 커
심장이 내려앉았죠

두 손 잡고 걷던
차가운 바람길
그대 손끝은
구들장처럼 뜨거웠습니다

바람이 서럽게 부는 날엔
낙엽이 떨어집니다
우리 서로 물들었던
그날처럼

포기하지 마

지친 너에게 말해주고 싶어
꽃은 봄에만 피는 게 아냐
가을 끝자락 들국화처럼
늦게 피는 꽃도 있어

조급해하지 마
늦게 피는 꽃에서
더 깊은 향이 나잖아
늦더라도 포기하지 마
너만의 계절이 올 꺼야

너는 혼자가 아냐

너무 힘이 들 땐

힘든다고 말해줘

너는 혼자가 아냐

자유

한때는 세상 끝이
잎사귀인 줄 착각하며
작은 몸뚱이로 세상을 기는
숨죽인 애벌레였다

지나가는 길 끝에 새 꽃이 피어 있을까?
그 꽃을 만날 수 있을까?
지친 날개를 수없이 펼쳤다

이제 알겠어
나는 꽃이 아닌
세상 속으로 훨훨
날아올랐다는 것을

여름휴가

햇살은 뜨겁고
파도 소리
푸르게 들려옵니다

금빛 모래 위 수박 한 조각
더운 날씨도 잊을 만큼
시원합니다

수평선에 떠오르는 웃음소리
파도에 실려
멀리 퍼져 나갑니다

바다에서 걱정 잠시 잊는 순간
참 고맙습니다
휴가라는 선물이

호박꽃

화려하지 않아
보일 듯 말 듯

꽃으로 피어도
호박잎 같다

그럼에도 너를
어이 지나칠 수 있으랴

내 고향 밭두렁에
항상 네가 있었는데

아카시아

송알송알

하얀 꽃송이

누가 저리도 곱게 피웠을까?

아카시아꽃 곱게 피면

그 꽃 아래 자리를 편다

부디

그대 하루가

흐린 구름 걷어낸

맑은 하늘처럼

고요히 빛나기를 바랍니다

곁에 머무는 것들이

언젠가 떠난다 하여도

그 자리에

눈길 한 번 더 머물 수 있길 바랍니다

그대 삶은

바람에 흔들리는 촛불이 아니라

어둠 속에서도 꺼지지 않는

별빛이길 간절히 바랍니다

부디

행복이라는 이름의 섬에

닿을 수 있기를 바랍니다

파도에 휩쓸리지 말고

가을이 오면

귓가를 스치는

바람의 노래

낙엽은 이르다 말했지만

내 마음 벌써

가을인 걸

길가에 곱게 핀

연분홍 코스모스

누굴

기다리는 걸까?

바람이 지나간 자리에서

들국화

화려하지 않아
더 아름다운
가을 속 들국화

붉은 계절
다정히 물들이는
별을 닮은 꽃잎들

나팔꽃

지기 위해 피고
피기 위해 지는
짧은 생 나팔꽃

다시 필 내일을 위해
오늘도
일찍 눈을 감는구나

사랑하는 법

사랑은

햇살처럼

바람처럼

누군가의 마음에 스며들고

꽃이 피듯

물이 흐르듯

자연스럽게

그저 그렇게

서로를 바라보다

햇살에 빛나는

눈부신 꽃처럼

누군가를

더 아름답게 피워내는 일

나이 든다는 건 (1)

나이 든다는 건
거울 속 눈빛에
세월이 말을 거는 일

젊은 날 웃음
낡은 사진 속에 머물고
이유 없는 서러움이 가슴 끝을 친다

나이 든다는 건 (2)

나도 모르게
이별을 배우며
가끔은 흘러간 것들이
따뜻해질 때도 있다

이름 잊힌 골목
젊은 날 웃음 흩어지고
서늘한 바람은
등짝을 쓸고 지나간다

나이 든다는 건 (3)

가슴속

말라붙은 편지처럼

버리지도 피지도 못할

지난 추억의 그림자

나이 든다는 건

돌아갈 수 없는 길목 앞에서

약속 없이

무언가를 기다리는 일

제2부
사랑은 선이 없습니다

사랑은 오는 것이 아니라
잠시 머물다 떠날 수 있기 때문입니다

여인의 계절

코스모스 흐드러진 길을 걸으면
바람결에 실린 가을 향기 속에
나도 모르게 미소가 번진다

먼 산 너머 노을빛 물든 단풍처럼
내 마음도 붉게 물들어
가슴 한켠이 따뜻해지는 계절

가을은 여인의 계절이라 했던가?
코스모스 잎새처럼
수줍은 설렘이 살며시 피어난다

계절이 바뀔 때마다
또다시 이렇게
가을을 닮아가는 걸까?

낙엽길

발끝에서
계절이 흐릅니다

바스락 바스락

혼자 걷는 길도
외롭지 않네요

그 사람

처음엔

그 사람 이름을

천천히 불러보는 것만으로

세상이 환해지는 날도 있었다

보고 싶은 날들이 쌓여갈 때쯤

알게 되었다

사랑은 달콤하지만

서럽기도 하다는 걸

흑장미

가시에 찔려도 놓지 못한 사랑
검은빛 장미 한 송이
지독한 향기처럼
심장 깊이 박혀 떠나질 못한다

날카로운 가시에 찔려
고통으로 물들어도
나는
그 꽃을 안았다

가시는 심장을 뚫고
피보다 진한 슬픔을 내게 보냈다
빛 잃은 꽃잎 사이로
뜨거운 눈물이 흐른다

끝없이 나를 물어뜯는 독
상처는 피멍처럼
영혼 깊숙이 퍼져 가는데

나는 놓지 못했다

마음속 깊게 뿌리내린
잊고 싶어도 잊히지 않는
사랑의 저주
피어서는 안 될 가시 품은 흑장미

이별 후 너를

사랑이 끝나고도
너 없는 계절을
몇 번이나 지난 후 알았다
그리움은 이별 뒤에 찾아온다는 걸

네가 걷던 길을
아무렇지 않게 지나치려 해도
어디선가 들려오는 목소리에
자꾸 뒤를 돌아본다

사랑은
맺지 못할 사람을
끝없이 안아보는 마음
마치 이별 후 너를
다시 사랑하고 있는 오늘처럼

이별 (1)

이별은

한순간 오는 줄 알았다

하지만

조금씩 조금씩

조용히

마음 가장자리를 젖히며 왔다

이별 (2)

이름을
조심스레 불러보다
한참을 멈췄다

목 끝에 걸린 건
말이 아니라
참으려 했던 눈물이었다

이별 (3)

가슴에 남아 있는

수많은 추억

하나둘 꺼내어

이별을 연습했고

눈물은

예고 없이 찾아왔다

이제는 안다

떠나는 마음보다

남는 마음이 더 아프다는 걸

용기

시든 순간도
꽃은 꽃이듯
지난 시간도 내 삶이었기에
지는 것을 두려워 말자

한순간을 위해
새벽녘 눈뜨는 꽃
꽃은 안다
지는 것이 끝이 아니라는 걸

새봄이 오면
꽃은 더 아름답게 필 것이니
누가 보든 말든
스스로를 저버리지 마라

이별 방식

나를 떠나간 것은

놓아주자

내가

떠났던 것처럼

사랑은 선이 없습니다

사랑은 선이 없습니다

언제 시작되는지

언제 끝나는지

사랑은 오는 것이 아니라

잠시 머물다

떠날 수 있기 때문입니다

감자꽃

한참을 보았다
너무 고와서

여름 품은 초록 밭
수줍게 핀 꽃잎들

주렁주렁 감자 숨긴 채
소리 없이 몰래 피고 지는구나

그립다는 건

그립다는 건

아직도 그대를

가슴에 품고 있기 때문입니다

그립다는 건

아직도 그대를

잊지 못하는 이유입니다

안부

나는 종종
잊히는 날이 많아졌다
그럼에도 나에게
안부를 물어오는 사람

잘 지내고 있니?
그 한마디에
내 하루는 연분홍으로 물들고
어떤 말보다 위로가 된다

나를 위해
귀 기울여 주는 사람이 좋다
내가 필요할 때
안부를 물어오는 그런 사람

군에 간 아들

아들이 온다
며칠째 장을 보고
된장찌개 준비를 한다

모처럼 마주한 밥상
가족들 모두 아이처럼
환하게 웃고 있다

군에 간 아들
아무 말 없이
잘 버티고 있지만

부모는 제대 날만 기다린다
잘 지내고 있지?
묻고 싶지만
차마 입 밖으로 내지 못한 채…

눈물

행복해서

기뻐서

눈물이 납니다

기쁨이 차오를 때

가슴 벅찬 사랑을 할 때

눈물은

말보다 먼저 흐릅니다

행복한 날도

눈물이 찾아왔습니다

눈물은

슬플 때만 흐르는 것이 아닙니다

하늘을 보니

남모르게 삼킨 말들
어디 두어야 할지 몰라

하늘을 보니
눈물이 주르르 흘러내립니다

눈물이 나거든 참지 마세요

아파서 울고
떠나보내며 울고
다시 살아보겠다고 울고

우리는 눈물로
인생을 씁니다
눈물이 나거든 참지 마세요

사랑합니다

니 마음대로 살게 할걸

하고 싶은 대로 하게 놔둘걸

걸 걸 때문에 미안하단다

내 새끼 키우면서 알았다

자식이 당신의 전부였다는 걸

지독한 사랑이었다는 걸

미안해하지 마세요

사랑합니다

이미 먼 곳에 계신 내 엄마…

결혼식

한 걸음

두 걸음

멀어집니다

웃으며 딸을 보내겠지요

알고 있어요

웃음 뒤에

두 분의

눈물이 있다는 걸

제3부
완벽하지 않아도 좋아

그냥 사는 건 좋은 거야
완벽하지 않아도

언제 이렇게 컸을까?

우렁찬 첫울음

놓칠세라 꽉 쥔

너의 작은 손을 보며

나는 웃으며 울었다

내 품 안에

너를 안은 그날

나의 삶은

다시 시작되었지

한땐 내 품 안에서

잠들기 바빴던 네가

세상 속으로 뚜벅뚜벅 걸어 나간다

언제 이렇게 컸을까?

소나무

거센 바람에
묵묵히 서 있는 것이
큰 용기인 줄 알았다

뿌리 깊은 마음이
나를 지켜주는
바람막이임을 알지 못한 채

보고 싶습니다

당신이 앉았던 자리
바람이 말을 걸다
민망한 듯 떠나갑니다

계절이
세월이
아무 일 없다는 듯 흘러가지만

가끔
생각납니다
당신 떠나던 날이

아부

허기진 영혼으로
기울어진 땅 위를 떠도는
슬픈 나그네여

너의 말
꿀처럼 달콤하지만
진실 없이 떠도는 파도

금칠한 입술에
굶주린 자아
굽실거리는 눈빛으로
진지하게 보이려는 겉모습

굽은 거울 속
거짓을 팔아
그대는 무엇을 얻으려는가?
너 스스로
너를 잃어가는 것을 알면서

애인

숨처럼 스미다
너는 떠났지만
나는 사랑 중이다

그날 이후
네 이름은
내가 조용히 부르는 기도

나는 아직
너를 안고 산다
닿을 수 없는 안타까움에

선물

고단한 날 틈새
말없이 건넨 마음

고맙다는 말보다
오래 남는 감동

능수화

강한 줄기로

담벼락 타올라

세상을 참

멀리도 보겠구나

스스로 줄기를 엮어

곱게 피는 능수화야

이슬

풀잎 끝에 맺힌
한 방울 이슬
참으로 아름답구나

한 줄기 빛줄기에
찰나의 생 사라지고
남은 건 젖은 기억

우리는 모두
한 방울 이슬처럼
잠시 머물다
어둠 속으로 사라진다

살아있는 동안
더 맑게
더 투명하게
사랑하고 기억하며 살자

추억

젖은 골목길

비를 맞으며 걷다 보면

흔적 없이 사라지는

물안개 속 너

편지

하늘은 매일
다른 글씨로 편지를 씁니다

구름 위에 문장을 만들다
꽃잎 위에 빗방울을 내립니다

어떤 날은 석양이
붉은 글씨로 마음을 전하기도 하지요

하늘이 편지를 쓰다
붉게 물든 채 눈을 감습니다

수채화

세상은
붓질 없이 그려진 수채화

젖은 나뭇잎도
그저 존재함으로 색을 품는다

그 많은 시간들 나였다고

비에 젖은 날도
햇살 아래 선 날도
모두 나를 지켜낸 시간들

눈물이 찾아오면
울지 않으려 다문 입술 사이로
끝내 터져 나온 흐느낌

젖은 발로 걷던 축축한 골목길
밤새 읽다 눈물에 번진 글자
버텨낸 수많은 밤 흘러간 시간들

모두가 내 삶이었기에
이제는 내게 말해준다
그 많은 시간들 나였다고

너

너는
내게 오는 길을 만든다
나를 향해 다가오는 너

꽃이 피는 것도
눈이 내리는 것도
네가 와야
비로소 의미가 된다

니가 오는
그 짧은 순간이
내 하루의
가장 긴 감동이니까

매미

여름이 놀라

풀잎 사이 숨을라

너무 슬피

우지 마라

완벽하지 않아도

따뜻한 차 한 잔
누군가의 안부

별것 아닌 일에
함께 웃고

계절 따라 찾아오는
새 인연들 이야기

그냥 사는 건 좋은 거야
완벽하지 않아도

달빛 포차

투명한 소주잔 속

대선 15.9

한 잔 술에

달이 젖고

두 잔 술에

별이 젖는다

달디단 소주 한잔

옛사랑 이야기

어느 여름

여수 밤바다

달빛 포차에서

고향 친구 (1)

먼 시간 돌고 돌아
생각나는 얼굴
세월은 우릴
도시로 데려갔지만
아직도 시골 아이들인 걸

먼지 흩날리던 골목길
맨발로 뛰놀던 기억
장마철 개울을
겁 없이 건너던 아이들

지금은
다른 이름
다른 삶이지만
여전히 풀 냄새가 난다
전화기 너머 너의 웃음에서

고향 친구 (2)

멀리 있어도
같은 하늘 아래 산다는 건
참 위로가 되는구나

비가 오면 너도 생각나니
우산 없이 걷던 시골길

세상은 넓고
우리 삶은 바쁘지만

그대로 자라고 있구나
너와 나의 웃음은

고향 친구 (3)

다시 만나면
무슨 말부터 해야 할까?

세월 얘긴 접어두고
그냥 한참 웃자

네 웃음 보며
옛 시간을
다시 찾을 수 있을 테니

고향 친구 (4)

이름 석 자만 적어도
그리운 친구야

네 생각이 문득
바람에 실려 오는구나

편지 한 장 쓸까 하다
마음을 다 담지 못할까 봐

그냥 웃는다
우리는 기억으로 이야기하니까

제4부

마음으로 걷는 길

여행은 떠나는 게 아니라
세상과 섞이는 일

필연

이유 없이 문득
내 안에 있는 사람

함께 했던 순간들
우연 같았지만

필연이었나 봅니다
지금 생각해 보니

산

바람은 나를 부르고
나뭇가지 말없이 길을 내준다

거친 숨소리에
잠시 짐을 내려놓으니

절정은 높지 않았다
나를 마주한 순간이었을 뿐

그리워하며 살자 (1)

그리울 땐
그리워하며 살자

잊힌 목소리
함께 걷던 길

슬픔 아니라고
착각하며 살자

그리워하며 살자 (2)

아직도
누군가를 품고 있다면
때로는 따뜻하고
때로는 아프지만
기꺼이 그리워하라

함께 했던 시간만큼
마음도 깊을 테니
그리울 땐 그냥
그리워하며 살자

마음을 비우면

등에 진
짐이 많을수록
길은 자꾸 멀어진다

마음을 비우면
돌길도 꽃길이요
눈물도 바람이더라

축제

조금 서툴러도 괜찮아

조금 눈물 나도 괜찮아

살아있는 한 인생은

끝나지 않는 축제니까

등대

거친 바다
고독한 파도

어둠 속
길 잃은 사람들이 헤매는 바다

한 줄기 빛에 기대어
애가 타는 밤

누군가의 희망이 되는
바다의 붉은 심장 등대

프리지아

봄이 오면

먼저 찾는 건

햇살도

바람도 아닌

노란 프리지아꽃

올해도 어김없이

다시 온 봄

나는 또

프리지아꽃을 샀다

도라지꽃

이 산 저 산에

도라지꽃 피었네

누가 심었을까?

언제 피었을까?

보랏빛 꽃잎

바람에 흔들리면

그 모습

먼 옛날을 닮았구나

약속

약속은

시간을 건너는 다리

서로 믿고

함께 건너가야 하니

마음으로 걷는 길

여행은
떠나는 게 아니라
세상과 섞이는 일

여행은
발이 아닌
마음으로 걷는 길

마음이 고운 사람

마음이 고운 사람은
눈이 먼저 웃는다

그 사람 곁에 있으면
마음이 먼저 웃는다

들꽃

알아주지 않아도

바라보지 않아도

스스로 아름다움 아는

그 사람 들꽃 같다

바람에 흔들려도

축축한 비를 맞아도

끝내 지지 않는 아름다움

묵묵히 피는

그 사람 보며 알게 되었다

나를 피우는 법을

감동

감사라는 말을 꺼내기 전에
눈을 감았다

시간을 엮고 마음을 꿰어
내게 건넨 진심이기에

짜장면

비 오는 날
우산 없이 뛰던 골목
붉은 간판 중국집엔
늘 짜장면이 있었다

양파처럼 쌓인 마음
볶아내듯 익혀낸 말들
달콤 짭짤한 맛이
입 안 가득 퍼진다

젓가락질 서툴러도
우리는 잘 비벼댄다
짜장면 한 그릇
우리 사이의 작은 화해

오늘도

나는

추억 한 그릇 주문하련다

짜장면 먹으러 갈래?

어떤 이는

어떤 이는
햇살을 이불 삼아
게으름 속을 헤매이고

어떤 이는
어둠을 걷어내며
새벽을 열고 있다

살아있어 빛나고
하루를 살 수 있어
아름다운 우리의 삶

이렇게 또
잘 살아내고 있다
하루라는 숨터를 껴안고

품어 주어라

한마디면 풀릴걸

미안하다

그 말이면 충분할걸

그런 기대하지 마

가까이서

뒤통수 맞는 우리 인생

등잔 밑이

어둡다 하지 않더냐

품어 주어라

내가 옳다고 해서

그가

틀린 건 아닐 수도 있으니

광안리에서

밤바람에 흩어진 사랑의 말들
파도처럼 귓가에 밀려오고
화려한 광안대교 불빛 아래
바다는 별을 품고
모래 위엔 맨발의 추억이 남는다

은하수처럼 흐르는
자동차 불빛에
하루가 조용히 지나가고
바람에 실려 온
무명가수 노랫소리
사람들 웃음 속으로 사라진다

사랑

이별

다시 만날 약속까지

모든 감정 녹아드는 광안리의 밤

수많은 사람들 사연 담은

끝나지 한 편의 영화

깊어 가는 낭만의 밤

광안리에서

이제 가을인가 싶습니다

커피 한 잔이
손끝에 오래 머무는 걸 보니
이제 가을인가 싶습니다

그대 생각이
더 깊어지는 걸 보니
이제 가을인가 싶습니다

창가에 걸린 오후
낯선 바람이 지나가는 걸 보니
이제 정말 가을인가 봅니다

갈대의 연정

오지 않을 님을
끝없이 그려보며

물가에 서 있는 마음
기다림의 다른 이름일까?

제5부

삶이 아름다운 이유

삶은 아름다운 거야
그래서 살아내는 거야

달맞이꽃

어둠이 내려앉으면
말없이 피어난 꽃
흔들리는 마음 끝
미뤄둔 고백일까?

해가 아닌
달을 따라
어둠을 비집고
노란 꽃잎으로 피었구나

기다림일까?
잊힌 약속의 그림자일까?
소리 없이 핀 한 송이
달빛 품은 노란 달맞이꽃

소나기

갑자기 네가 내렸다
말 대신 쓴 편지일까?
구름은 아직
너를 안고 있는데

거친 숨소리에
쏟아지는 여름
우산 없이
젖어도 좋은 찰나의 비

감악산

보랏빛 비단길은
한 폭의 수채화

가을은 붓이 되어
꽃잎 위에 그리움을 얹고

나는 그 속에서
너를 기억한다

그리움을 숨겨야 할까?
아니면 피워야 할까?

땡초라면의 맛

불꽃처럼 타오르는

열기 한 그릇

휘어진 면발 위

땡초 몇 조각

입 안 가득 터지는 불씨

뜨겁게 달아오르는 속

매운 하루 녹여주는

땡초라면의 맛

꽃길

바람에 흩날리는 꽃잎
고운 빛 햇살이 앞서 걷는 길

내 어깨 위에 살짝
봄을 내려놓는 바람

괜찮다 이 순간
이 길 끝 무엇이 있다 한들…

삶이 아름다운 이유

비 오는 날
창가엔 빛이 스미고

긴긴밤
끝내 길을 잃지 않는 별

상처 난 마음 틈새
새싹이 조용히 돋아나며

눈물 속에서도
꽃처럼 피는 웃음

삶은 아름다운 거야
그래서 살아내는 거야

축복

아침 햇살에
바람이 노래를 부릅니다

흔들리는 꽃처럼
하루가 피어납니다

오늘은
그냥 축복입니다

내 고향

낯익은 하늘
황금빛 들녘
어제 만난 듯 다정하구나

잠자리 따라 걷던 옛 등굣길에
처음인 듯
수줍게 핀 코스모스

웃으며 걸어가던 아이들
지금
어디쯤 가고 있을까?

거창 사과

아삭한 첫입에
가을이 터지고

입안 가득 퍼지는 단맛에
산골 시간이 흐른다

농부의 땀방울 씨앗 되어
계절의 향기로 익힌 결실

한 알에 담긴 천상의 맛
산빛 머금은 거창 사과

마음에게

괜찮아
너 혼자 애쓰는 거
다 알고 있어

참고 견디느라
고생 많았어
대단해 정말

너를
참 많이
안아주고 싶어

너에게 말해주고 싶어
오늘도
괜찮았다고

가을처럼

가을은 천천히 물들고

조용히 익어가는 계절

노란 은행잎 떨어지면

그저 말없이 바라봐 주면 돼

바람이 창을 두드리는 날엔

조용히 귀를 내어주고

마음이 조금 쓸쓸해도 괜찮아

가을이니까

말보다 마음이 깊어지는 계절

우리도 그렇게

살아가면 좋겠어

서둘지 않는 가을처럼

꽃물

봉선화 곱게 핀 날
손끝에
빨간 계절이 내려앉았다

하루가
더 지나면
예쁘게 물들 거라 믿었지만

빨갛게 번진 건
꽃물이 아니라
내 마음이었다

소원

오늘보다

내일이 더

행복했으면 좋겠습니다

지나간 시간보다

다가올 시간이 더

행복했으면 좋겠습니다

나 하나보다는

우리 모두가 더

행복했으면 좋겠습니다

통도사의 가을

고요한 산문을 지나
단풍길을 걷는다

속세의 소란을 잊게 하는
통도사의 가을

금강계단 위 햇살은
부처님의 가피요

계곡을 흐르는 맑은 물
숲을 흔드는 새들 노래

고목 아래 앉아 눈감으니
이곳이 극락이로세

한 편의 시

시는
한 줄기 바람
스쳐 가며 마음을 흔들고
눈물 나게 하니까

시는
작은 창
닫힌 마음을 열고
그 너머 빛을 들이니

시는
깊은 울림
말보다
눈빛보다 더 큰 위로를 주니까

모든 세상은 시가 된다

그저 한숨

그저 한줄

그 안에 담긴 모든 것들이

숲

나무는 서로
지붕이 되어주고
그늘이 되어주며
그렇게 살아간다

상처와 아픔으로
감싸던 하루
그들 곁에서
조금씩 녹아내린다

지친 하루 끝
잠시 바라본 숲의 풍경
언젠가 추억이 될 오늘을
말없이 안아준다

가까이 있는

작은 행복에 감사하며

좋은 사람들과

마음을 나누는 삶

그렇게 살아가면 좋겠네

지붕이 되어주고

그늘이 되어주며

서로 감싸주는 나무처럼